LES

CAMÉLÉONS

POLITIQUES;

PAR UN OBSERVATEUR,

ANCIEN SOLDAT DE L'EMPIRE.

PARIS,

CHEZ A. PHILIPPE, ÉDITEUR,
53, RUE DE GRENELLE-SAINT-HONORÉ.

1839

LES CAMÉLÉONS

POLITIQUES.

Jamais époque fut-elle plus fertile en tristes méditations ! et le vaisseau de l'état, voguant au gré des pilotes inhabiles qui le dirigent, sans doute à bon escient, évitera-t-il l'écueil qui le menace? — C'est ce dont il est malheureusement permis de douter.

Eh quoi! notre belle patrie, que l'unité et la bonne administration rendraient invincible, serait-elle destinée, malgré sa puissance physique, à subir encore une de ces catastrophes humiliantes d'abord, mais dont les résultats seraient bien différens de ceux auxquels elle a été naguère soumise.

Que l'ignorance, l'intrigue et le mauvais vouloir (*) se hâtent donc de quitter le gouvernail qu'ils se sont jusqu'ici obstinés à conserver malgré vent et marée; que l'équité et des talens propres à la navigation du vaisseau de l'état leur soient substitués, et le sauvetage est assuré.

Voilà précisément, diront la plupart des passagers, voilà le difficile, car il n'est pas un de ces marins d'eau douce qui ne se croie un Duguay-Trouin; aussi, dédaignant les conseils de l'opinion hautement manifestée à bord, ils nous conduisent, vent arrière et de gaieté de

(*) Par mauvais vouloir nous n'entendons que les hommes responsables.

cœur, vers le récif qui bientôt doit inévitablement nous briser.

Une telle position est difficile sans doute,
car le danger est imminent; à son aspect les
âmes fortes mêmes peuvent s'en attrister, mais
non se laisser abattre, puisque de la plus petite déviation dans la manœuvre dépend votre
salut.

Mais pour que cette déviation ait lieu, faut-il
donc s'emparer de ces inhabiles pilotes et les
jeter à la mer?

Non, mais bien les instruire sur le péril qui
vous menace; et comme il est à présumer qu'ils
ne doivent pas être moins intéressés que vous
à la conservation du vaisseau qu'à celle de leur
propre existence, ils pourront se rendre à vos
instances, surtout si elles sont vives et em-
preintes du seul langage qui puisse être bien
compris, celui de la vérité. — Agissez donc
et ne doutez pas du succès.

Et comme nous nous mettons ici au lieu et
place de l'équipage qui monte le vaisseau en
péril, bien que nous soyons persuadés que rien
n'est plus difficile à dire aux hommes que la
vérité, nous allons cependant essayer de la

leur faire entendre. — Puissent-ils ne nous supposer que des intentions pures, dénuées de tout sentiment hostile, — car alors ce serait mal nous comprendre, et le but que nous nous proposons, but que nous croyons honorable, serait manqué.

Mais nos intentions ne peuvent être dénaturées, elles ne le seront pas. — Aussi, dans cette intime persuasion, marcherons-nous avec l'assurance du seul sentiment de faire le bien.

La France fut-elle jamais moins pourvue de ces qualités essentielles qui, en constituant une nation, la rendent forte, très-forte, en même temps qu'elles lui donnent l'honorable avantage de servir d'exemple aux autres états qui, en cela, ne peuvent avoir pour elle que respect et admiration? — Y eut-il jamais en France plus d'égoïsme et de cupidité, plus de corruption et surtout moins de gloire?

Lorsqu'un homme arrive au pouvoir, c'est, nous aimons à le croire, avec les meilleures intentions possibles; mais à peine a-t-il endossé le harnais brillant, à peine est-il attelé au timon de l'état, qu'un pouvoir invincible, attractif, le transporte dans une atmosphère odoriférante qui le charme, le séduit si agréablement, que le soudain changement qui s'opère en lui, y atténue, s'il ne les détruit pas, toutes les louables qualités qui le distinguaient dans son humble obscurité ; et il devient ce que tant d'autres sont devenus, et ce, sans même s'en douter le moins du monde, la transformation lui paraissant toute naturelle. — Aussi le voit-on content, émerveillé de ses actions, alors qu'elles appellent sur lui l'animadversion publique.

Et combien d'hommes de cette trempe n'avons-nous pas vus, depuis 1815, exploitant impunément les deniers de l'état et corrompre les mœurs !

Les deux gouvernemens qui ont précédé celui sous lequel nous vivons, ont fourni leur contingent de ces hommes que le tribut mensuel tient sous sa dépendance, en leur faisant oublier que la probité, l'honneur, sont préférables aux honneurs. L'empire en a bien légué quelques-uns qui ont reflué jusqu'à nous, aussi avons-nous les hommes tarés des trois époques, plus ceux qui se sont formés depuis 1830 à la nouvelle école ; — tous caméléons politiques, tous changeant d'habit, de ton, de manière et de caractère, au premier vent d'en haut, pourvu toutefois que la partie du budget qu'on leur alloue, ne leur fasse pas faute. Toutefois, rendons justice à ceux, en bien petit nombre, qui ont reculé devant les humiliantes obligations auxquelles on voulait les soumettre, aussi ont-ils laissé d'honorables souvenirs dans l'opinion publique ; mais en a-t-on vu qui, gratuitement ou *à bon marché*, aient voulu servir l'état? — Et la raison? C'est que le commerce qui consiste à vendre sa conscience est trop lucratif pour que les hommes cupides y renoncent jamais. — Un seul, ne l'oublions pas, car le souvenir de son désintéressement, de ses vertus doit être à demeure dans le crypte de la mémoire des hommes de bien, un seul a honorablement dérogé à ce sentiment de tendance cupide qui tient les bipèdes politiques dans un honteux stationnement.

Il n'est donc plus, dira-t-on, de ces âmes pures, de ces âmes élevées au-dessus des faiblesses de la nature corrompue, de l'égoïsme, de la cupidité et des viles passions inhérentes à ces deux vices qui semblent être la base de l'édifice social? — La probité et la vertu

ont-elles donc abandonné les sociétés humaines?
Et cependant il n'y a peut-être pas un être
dans le monde civilisé, y compris, bien entendu, ceux que le hasard, l'astuce ou la bassesse ont placés au plus haut degré, qui ne se
dise honnête homme; pas un seul qui ne pré-
tende à ce titre prééminent, lorsqu'il est à
craindre que la plupart sont étrangers à l'honneur et à tous les sentimens qui en émanent.

Cette assertion n'est point hasardée; c'est,
et nous le disons en gémissant sur notre espèce,
non une de ces vérités qui se sentent mieux
qu'elles ne se prouvent, mais une vérité qui
peut être prouvée sans beaucoup d'efforts.

Demandez, par exemple, à celui qui se
flatte publiquement d'être l'amant heureux de
telle ou telle femme, si l'honneur consiste à
flétrir ainsi la réputation de celle qui, bien
que coupable, ne devait pas être livrée à la
honte, aux remords, à l'infamie peut-être, par
celui qui l'a rendue criminelle?

Demandez au premier venu, quelle que soit
d'ailleurs sa condition, car la naissance, le
rang ni la fortune ne sont certes pas la sauve-
garde de l'honneur, il s'en faut, demandez-

lui si c'est être homme d'honneur que de violer la foi jurée.

Pour fortifier notre assertion, passerons-nous en revue toutes les classes de la société? Hélas! ce serait par trop triste, car il n'est point d'état, d'emplois, de fonctions au monde, qui ne présentent à ceux qui les exercent les moyens d'entrer dans le sentier du crime en forfaisant à l'honneur, et bien peu qui ne soient disposés à céder aux séductions de l'appât qui, sous toutes les formes, excite leur cupidité.

Or, que de voleurs, de scélérats la plupart figurant avec avantage dans le monde et que les bagnes devraient recéler.... Sans doute il y aurait numériquement un grand vide dans la société ; mais du moins un honnête homme n'y serait plus, en quelque sorte, un anachronisme.

Pense-t-on que les révélations honteuses du procès Brossard, révélations qui, dans le cœur des honnêtes gens ont dû apporter de bien douloureuses sensations, ne pourraient pas recevoir une immense extension? — N'est-il pas permis de supposer qu'elles ne sont encore qu'une faible partie de celles qui pourraient être faites, s'il était possible de mettre en cause tous les prévaricateurs répandus sur le sol de notre belle patrie ?

Pense-t-on qu'il n'y ait pas par milliers de ces voleurs de haut étage comme ceux qui, par exemple, après avoir longtemps esquivé la justice, bravent maintenant la société après que des juges équitables ont su trouver des lois pour les punir ?

Qu'il nous soit permis, en passant, de payer notre faible tribut de reconnaissance aux magistrats intègres qui, en vengeant la société sur la personne de ces spoliateurs dorés, ont prouvé combien ils étaient dignes de sa confiance.

A propos de magistrats, n'est-il pas douloureux d'avoir à rappeler ceux qui, oubliant le mandat sacré dont ils sont investis, faisant abjuration du caractère le plus honorable dont l'homme puisse être revêtu, donnent le déplorable exemple de la mauvaise foi, de la bassesse et du désordre dans certaines affaires que nous nous abstenons de qualifier ?

Et ces hauts fonctionnaires étalant, avec une rare impudence, le cynisme des habitudes dilapidatrices et des sentimens immondes, n'ont-ils pas des milliers de semblables connus, parfaitement connus, mais qui la plupart moins effrontés, jouissent du fruit de leurs exploits, non dans l'ombre du mystère, mais avec la convenance de fripons qui veulent rentrer en grâce?

Et ces hommes qui, insensibles à l'infortune de l'humanité, insolens devant le malheur, mais lâches, mais plats, mais fourbes, mais courbés jusque dans la boue en présence de ceux qui les dominent; ces hommes au cœur pervers, à l'âme de fange et d'un caractère enfin dont l'élasticité est aux ordres de la puissance qui les fixe, et que la nature semble avoir créés pour prouver jusqu'où elle pourrait s'abaisser; ces hommes, disons-nous, ne sont-ils pas autant de funestes calamités pour la société, et la sentine la plus horrible dont puisse être affligé un état?

Certes, il y a dans le monde d'honorables exceptions, et nous n'hésitons pas à dire que nous sommes heureux de penser que les gens de bien sont en grand nombre, aussi n'auront-ils pas à rougir en lisant cet écrit — fruit de nos tristes et profondes méditations — et en gémissant sur les vérités qu'il renferme, nous sauront-ils peut-être quelque gré de l'avoir mis sous leurs yeux.

Que si les personnes qui se croiraient atteintes, ne voyaient en nous qu'un homme de parti, nous les assurons qu'elles seraient grandement dans l'erreur, car vivant dans la retraite, au sein d'un tranquille repos, notre vœu le plus ardent, celui qui a constamment dominé en nous, qui est et sera jusqu'au tombeau notre essence politique, c'est celui de voir la patrie heureuse et indépendante, c'est-à-dire tranquille dans son intérieur, jouissant en paix, mais sans honte, de ses facultés, et respectée au dehors pour les sentimens de ses principes constitutifs et de sa puissance. — Poursuivons.

Si tous les hommes subordonnaient leurs désirs à leurs moyens, on verrait peu de malheureux, et encore moins de ces intrigans de haut et bas étage dont la société regorge ; car les hommes ne tombent dans l'infortune (sauf quelques exceptions), ou ne sont portés au vice qui bientôt les entraîne vers le crime, que par les besoins en tous genres qu'ils se créent.

Mais, dira-t-on, les passions sont là ; c'est

la nature qui nous les donne, parce qu'en bonne mère elle a reconnu que, sans elles, les hommes sur la terre y seraient en quelque sorte nuls.

Tout penchant est dans la nature, sans doute; toutes nos actions émanent d'elle; et s'il en est d'utiles, de louables, s'il en est d'indispensables à l'existence de l'humanité, il en est aussi que l'on ne peut justifier à moins de blesser les lois divines, la morale et l'opinion publique, qui font un devoir à l'individu de combattre, par sa propre volouté, la puissance qui tend à le soumettre aux passions, à ces torrens impétueux qui, en l'avilissant, le dégradent.... Tels sont l'égoïsme, la cupidité, les brutales jouissances et tous ceux qui en émanent.

Quand a-t-on vu tant de corruption, de démoralisation, et si peu d'intégrité, de moralité, de cette essence divine qui est l'un des types distinctifs de l'humanité? — Que penser d'une société qui, par tant de travers qui l'avilissent, la gangrènent, court, à son insu, vers l'incurabilité de ce qui devrait être sa gloire, son essence? d'une société qui, riant de tout, même

de ses bassesses, persiffle tout, jusqu'à la vertu
et l'honorable indigence?

En effet, soyez vertueux ; la société, en vous
riant au nez, emploiera tous les moyens qui
sont en son pouvoir pour vous corrompre. —
Si elle n'y parvient pas — car nous aimons
à croire qu'il est encore des âmes assez fortes
pour résister à la contagion — elle vous ridi-
culisera, alors qu'elle devrait vous respecter,
vous imiter.

Soyez pauvre ; la société vous dédaignera,
vous lui serez même en horreur, quel que soit
d'ailleurs votre mérite. — Présentez-vous à la
porte d'un riche, et surtout d'un nouveau riche,
avec le seul titre d'honnête homme, vous serez
inévitablement éconduit, avec ce ton de mépris,
cette suffisance que la prospérité donne aux
sots. — Mais arrivez-y en équipage et faites-vous
annoncer. — Oh! alors, fussiez-vous un Car-
touche, ou mieux, un disciple Saint-Bérain,
vous serez reçu avec distinction ; on vous flat-
tera, on vous caressera, on vous hébergera
même, car vous serez riche, c'est-à-dire, ainsi
qu'on l'entend aujourd'hui, un homme comme
il faut. — Et il n'est besoin, pour le devenir,

que d'étaler un grand luxe, n'importe par quels moyens, tous pouvant être reconnus bons, si non louables.

Eh! quel n'est pas aujourd'hui l'empire du luxe sur la faible humanité! — Est-il un monarque, quelque absolu qu'il soit, qui domine sur son peuple avec plus d'avantage, de tyrannie même que ne le fait le luxe sur la société? — Encore s'il ne maîtrisait que ceux dont il est le type distinctif, ces nouveaux nobles et riches qui, la plupart, n'ont de mérite que par lui; mais non, il règne en souverain sur toutes les classes qu'il superbifie. — Il en est une dont il se joue cruellement. — Nous entendons cette partie industrieuse de la société, fort respectable sans doute, mais qui s'efforce de vouloir sortir de sa sphère, pour obéir à une tendance ruineuse et corruptrice qui la perd. — Et puis, est-il une vanité moins louable et plus ridicule, plus sotte que celle que donnent de brillans oripaux? — Aussi de là naissent et le dérangement dans les affaires, et les maux qui en sont la suite inévitable.

Un attribut de la sottise est de vouloir paraître au-dessus de son état. — Moins de luxe

serait un bien pour tous ; mais puisqu'il ne peut
en être ainsi, du moins encore, car tôt ou tard
il faudra bien en rabattre — pressentiment que
l'expérience des siècles justifie — il serait à désirer que cette portion industrieuse de la société
se pénétrât mieux de ses intérêts, en se rési-
gnant à vivre avec plus d'économie. — Les résultats d'une telle conduite seraient la paix de
son intérieur d'abord, ensuite une aisance réelle
dont elle pourrait tirer vanité, puisque sa
source n'aurait rien que d'honorable, tandis
que la plupart de ceux qui la composent, dis-
sipent en somptuosité dans les habits, la table,
les meubles, etc., etc., ce que le crédit met
à sa disposition, et par conséquent ce qui ne
lui appartient pas.

Mais comme il faut une fin à tout ; les dépenses ne pouvant se couvrir, et les obligations
contractées demeurant en souffrance, la faillite,
la banqueroute même deviennent indispensables.
Souvent des peines infamantes flétrissent des
familles, que plus d'ordre, plus d'économie et
moins de vanité, eussent ennoblies de l'estime
des honnêtes gens.

Or, que de malheureux par le luxe enfantés

et qui, chaque jour, à toute heure, à tout instant, marchent vers le crime! — En effet,
quel est le monstre qui, se jouant de la triste
humanité, alimente les prisons et les bagnes,
si ce n'est le luxe?

Quelle autre cause pourrait-on assigner à la
dépravation du sexe, à ce débordement d'im-
pudique corruption qui envahit et dégrade,
qui dénature même cette portion si intéres-
sante de l'humanité, mais qui ne devrait en
faire le charme que constamment parée du voile
de la pudeur? — Y a-t-il au monde rien de
plus abject que les femmes qui, vaincues par
le luxe, oublient leurs devoirs les plus sacrés
pour un peu d'or, ou l'attrait de quelques chif-
fons?.... Ne pourrait-on pas, sans hésiter, et
en leur rendant justice, les mettre au rang de
celles qui, vivant du produit de leurs charmes,
peuplent ces lieux où, si effrontément, le vice
entretient sa scandaleuse hideur?

N'est-il pas de bon ton aujourd'hui de fouler
aux pieds toutes les convenances sociales pour
ériger le vice en spéculation?.... — Honteux
et déplorable commerce qui a ses proxénètes,
comme la Bourse à ses courtiers. — Que de

mères, naguère victimes de la contagion, élèvent leurs filles dans l'espoir de les livrer au plus offrant enchérisseur ! — Que d'époux que la cupidité rend complaisans moyennant rétribution.... Et combien en est-il qui, voulant des honneurs à tout prix, doivent leur élévation aux faiblesses de leurs malheureuses compagnes !

Que ne pouvons-nous dérouler à vos yeux le hideux tableau du dévergondage dont le monde est entaché ; mais l'espace nous manque. D'ailleurs, ceux qui croient bonnement à l'amélioration de nos mœurs, ne nous diraient-ils peut-être pas que nous offensons la société ? — La société ! ah ! si elle se connaissait ! bien qu'elle soit généralement vicieuse, elle ne pourrait qu'avoir honte d'elle-même !

Fut-il jamais d'époque plus fertile en attentats de toute nature, en forfaits aussi odieux ?

La plupart des journaux se plaisent avec une sorte de vanité que nous sommes loin de condamner, puisqu'ils agissent sans doute de bonne foi pour prouver l'amélioration de nos mœurs, à publier chaque année la statistique de la justice criminelle en France. — Rien de plus louable sans doute, et ces comptes rendus de

2

cette administration sont des documens précieux pour l'histoire de la société. — Mais pourquoi, à côté de ces tableaux, ne nous donne-t-on pas, pour mieux prouver l'amélioration des mœurs, un aperçu de la statistique d'il y a trente ans, par exemple; ou bien, si l'on veut encore, en remontant plus haut? — Craindrait-on en cela que la comparaison ne fût à l'avantage de ces époques, et qu'au lieu de cette amélioration dans nos mœurs que l'on prône avec tant d'assurance, on ne reconnût au contraire un surcroît immense de dépravation?......

Non, les mœurs ne se sont point améliorées, et la société est, malheureusement, beaucoup plus vicieuse qu'elle ne le fut jamais.

Autrefois la dépravation n'était que dans une portion de la haute classe de la société; aujourd'hui elle est partout, exerçant sa puissance, depuis la plus petite échoppe jusque dans les palais. Quelle cause peut-on raisonnablement assigner à ce déplorable changement dans les mœurs? — sans doute il en est plusieurs, mais qui toutes émanent de celles-ci, à savoir: le luxe et la cupidité.

Et que l'on ne s'y trompe pas, ce sont ces causes, ces seules causes qui nous ont amené, par degrés, à l'état de dégradation où nous sommes — qui ont, sinon créé, du moins augmenté au centuple la bande de ces escrocs de bon ton, et de tant de milliers d'autres individus qui ont eu part au budget, et bravent aujourd'hui le déshonneur et le scandale.

Toutefois, si de bons exemples nous venaient des régions qui dominent la société, ils seraient, sans contredit, un de ces bienfaits rares, inattendus, mais qui n'en produiraient pas moins un salutaire effet. Alors, seulement alors, nous pourrions espérer une amélioration progresssive dans nos mœurs, d'autant qu'à ce cri favori : *de l'argent! de l'argent!* on devrait substituer celui-ci : *économie!* Que la liste civile donne donc le premier élan, les hauts fonctionnaires suivront de près, et lorsqu'il sera question de réduire les dépenses de l'état, nous n'entendrons plus à la tribune un illustre maréchal s'écrier qu'il ne renoncera jamais à une partie de son énorme traitement, bien qu'il soit un des plus riches propriétaires de France — nous n'entendrons plus demander des dotations, ni des apanages, vieil usage qui, sous un gouvernement constitutionnel, doit demeurer dans un éternel oubli. — Et puis, équitablement, que doit la nation aux princes, et aux princes surtout déjà riches de leur patrimoine? — rien, absolument rien. — S'ils ont des emplois dans l'armée, ou dans l'administration, ils doivent en recevoir le traitement, rien au-delà. — D'ailleurs les plus belles dotations pour les princes, sont des talens et des vertus. Qu'ils s'efforcent donc d'en acquérir, et ils seront alors aussi riches qu'il est possible de le désirer. — Espérons.

Mais qu'attendre, dira-t-on d'un tel gouvernement? — Sans doute, un gouvernement qui est aussi peu jaloux de ses faveurs, qui les prodigue comme pourrait le faire la plus dépravée des courtisannes, laisse peu d'espoir d'une prompte conversion, alors que, par sa conduite désordonnée, il a montré sa faiblesse et rendu en cela ses faveurs dépréciables aux yeux mêmes de ceux qui les recevaient.

Au nombre de ces faveurs, nous pouvons hardiment mettre, en première ligne, les croix si scandaleusement jetées, depuis 1830, au nez de tant d'individus , qui certes la plupart étaient loin de se douter qu'un jour l'étoile du brave, cet insigne de l'honneur, des talens et des actions d'éclat, brillerait sur leur poitrine.

Mais avec ces faveurs, dira-t-on, on se fait des partisans, un nouveau gouvernement en a besoin.

C'est une erreur, du moins à mon sentiment, car je pense que le vrai moyen, pour un gouvernement constitutionnel, qui a essentiellement besoin d'une majorité pour subsister, le vrai moyen, disons-nous, de se faire des partisans, c'est d'être fort et équitable; la force ne devant être, en ce sens, que le bras de l'équité, car la faiblesse qui se dirait équitable, mentirait, alors qu'elle ne peut supporter la vérité, la liberté.

Or, un gouvernement tel que le nôtre, ne pouvant recevoir la force morale nécessaire à son existence que de la nation , il doit l'appeler à lui par tous les moyens auxquels l'homme, qui aime réellement son pays, est accessible et qui, sans contredit, sont en majorité. — Eh bien! qu'on la consulte cette majorité, mais

sans faire jouer, ainsi qu'on l'a pratiqué jusqu'à présent, les ressorts de l'influence, de ce
monstre illicite, corrupteur qui, en privant la
nation de ses vrais représentans, et le gouvernement de connaître sa force réelle, le pousse
par degrés vers une inévitable catastrophe. —
Consultez donc la majorité, après toutefois
avoir étendu *raisonnablement* le cens électoral,
car nous entendons ici la nation et non 180
mille individus qui n'en sont qu'une faible frac-
tion. — Et vous verrez que de cette majorité,
qui devra nécessairement représenter l'opinion
publique la plus vraie, ressortira le bien auquel
on n'ose plus espérer.

Mais, dira-t-on encore, il y a en France
plusieurs partis : les *henriquinquistes*, les *républicains*, voire les *napoléonistes*. — Sans
doute ; mais si l'égoïsme et la cupidité quittent
le gouvernail, si ce cri que nous répèterons :
de l'argent ! de l'argent ! qui flatte et brise à la
fois tant de timpans, cesse de se faire entendre
pour aller se perdre à jamais, comme dirait
M. de Lamartine, dans le vague, ou se noyer
dans un lac, les partis que l'on craint per-
draient de leur force et finiraient, du moins en

grande partie, car il y aura toujours des fanatiques, finiraient par se réunir à la majorité. — Mais, après tout, que sont les partis qui ne tiennent qu'aux hommes? — Les hommes ne sont rien, les institutions sont tout. — Mais si on les viole ces institutions, la nation qui le souffre ne mérite-t-elle pas d'être opprimée?

Quoi qu'il en soit, il est déplorablement évident que le régime actuel a besoin de modifications; si on les refusait à la nation qui les réclame, ou l'on voudrait nous faire rétrograder, ou Louis-Philippe serait trahi — trahi par ses alliés, ses ministres, ses généraux, ses courtisans qui, la plupart, tendraient à l'entraîner vers l'abîme. — Il serait sans doute pénible de le penser; mais hélas! rien n'est impossible.

Et qui aurait pu croire à la trahison des ministres, des généraux de Napoléon, de ceux mêmes qui semblaient lui être le plus attachés? — Qui aurait pu croire à la perfidie de ses alliés, lorsque le grand homme était à Dresde, en 1812, entouré de tous les souverains de l'Allemagne? A peine son palais pouvait-il contenir la foule des rois et des princes, courtisans rivaux, qui le fatiguaient de leurs hommages. Tous sollicitaient un regard de Napoléon : les traîtres!! tous confondus parmi ses lieutenans et ses généraux leur enviaient le bonheur de le servir : les traîtres!! Le roi de Prusse lui offrit le prince royal pour aide-de-camp : le traître!! Les princes de la confédération du Rhin lui offrirent à l'envi leurs soldats, trop heureux de leur faire partager la gloire des aigles françaises : les traîtres!! lorsqu'ils eussent voulu savoir ces aigles immolées à leur jalousie, à leur vengeance.

Mais qui eût pu alors arrêter leur élan!...... On les vit bientôt, de victoire en victoire, voler jusqu'à Moscou, où Napoléon était allé pour combattre des hommes et non les élémens.

Certes, si les puissances nous envient quelque chose aujourd'hui , ce n'est pas notre gloire, car nous ne fûmes jamais moins inoffensifs ; elles n'envient pas non plus nos institutions, oh! non ; mais elles les détestent , et ont à cœur de les détruire.... Gare à nous.

Et Charles X n'a-t-il pas été trahi! Comment aurait-on jamais pu concevoir l'idée de faire un coup-d'état , sans être appuyé de 80 à 100 mille baïonnettes, si la trahison n'avait persua-

dé ce monarque que les Français, étant devenus d'assez bonnes gens en fait de révolte, on
en serait quitte pour quelques légères escar-
mouches?

Que sa chute, chute si soudaine et sans
exemple, puisse rappeler à qui de droit qu'il
n'est pas de consolidation possible avec le
parjure, et que l'honneur, la justice et l'équité
doivent être les principaux agens donnant le
mouvement à la machine gouvernementale.

Arrière donc les perfides conseillers ou le
mauvais vouloir; abjuration sincère à ce système qui fait tout découler de l'argent; à ce
système qui, ne reconnaissant, n'admettant et
n'appréciant que ce qui émane des moyens
corrupteurs, ne peut que hâter la catastrophe;
alors on verra, comme par enchantement, dé-
vier de la ligne qui l'entraîne vers l'écueil, le
vaisseau de l'état, sans la conservation duquel
notre existence physique pourrait bien être
remise en cause; et Dieu sait ce qu'il advien-
drait, malgré l'alliance de l'Angleterre, sur
laquelle on semble compter beaucoup. — Mais
que l'événement survienne et l'on verra.

Non, l'Angleterre n'est pas plus notre sincère alliée que les autres puissances. Si nous étions sérieusement engagés, et que de cet engagement dussent résulter de grands dommages pour nous, et quelques avantages pour elle, l'Angleterre n'hésiterait nullement à rompre, en se hâtant de participer à notre humiliation, à notre ruine ; — car, qu'on ne s'y trompe pas, nos institutions ne la gênent pas moins qu'elles sont en horreur aux puissances d'outre-Rhin. — Que son peuple les ait adoptées de bonne foi, qu'elles lui aient valu des concessions qu'il eût vainement attendues du bon vouloir, d'accord ; mais il n'en est pas moins vrai que son gouvernement ne demeurerait notre allié qu'autant que ses intérêts dans la guerre que nous aurions à soutenir, seraient certains. — Non, l'Angleterre ne sera jamais notre sincère alliée ; l'aristocratie qui la maîtrise et la maîtrisera encore longtemps, malgré ses meetings radicaux qui font sur elle peu d'impression, cette aristocratie qui, on ne peut en douter, était beaucoup plus à son aise sous Charles X que maintenant, s'y oppose. — Dailleurs, que ceux qui croient à la sincérité de l'alliance de l'Angleterre, méditent ces

paroles du président du meeting de Manchester :
« Vous savez, dit-il au peuple, que la guerre
» a été engagée avec la France pendant une
» longue suite d'années. Cette guerre avait été
» entreprise dans le but ostensible de réformer
» le gouvernement français, mais en réalité
» pour détruire la liberté en France. »

Quelle raison aurait donc aujourd'hui l'Angleterre d'aimer en nous ce qu'elle voulait détruire alors ?

Que si le chef de l'état avait la bonne foi de compter sur les protestations d'amitié personnelle de quelques-uns de ses alliés, il rappelle à son souvenir les bassesses commises par les souverains étrangers au détriment de Napoléon, et notamment par celui qui se disait et se glorifiait même d'être l'ami intime du grand homme ; par celui qui, oubliant les protestations, les sermens d'Erfurth, devint le chef de cette honteuse coalition qui, à jamais, a rompu l'équilibre de l'Europe. Cet autocrate, dont la destinée fut un instant au pouvoir de Napoléon, avait juré, à Tilsit, éternelle alliance à la France et guerre à l'Angleterre, et il viole ses sermens!! il les viole avec la légèreté d'un marquis de comédie, et l'insolence d'un despote qui se sent appuyé; car déjà il était certain que l'Autriche, la Prusse, le Wurtemberg, la Bavière, toute l'Allemagne enfin, alliés de Napoléon, l'abandonneraient, le trahiraient.....

Mais laissons-là les traîtres et revenons à l'Angleterre qui, certes, mérite bien que nous lui consacrions encore quelques lignes, d'autant qu'elle n'est pas une des moindres influences qui tiennent le pouvoir dans une parfaite sécurité sur les événemens ultérieurs que les puissances du nord gardent en réserve pour nous châtier tôt ou tard — on conçoit le motif — bien que, par notre sagesse, nous leur prouvions une humble soumission aux volontés qu'elles nous ont si charitablement imposées.

Mais le plus petit prétexte peut rompre un coin de la digue qui nous préserve maintenant de ce torrent dévastateur, qui semble se promettre non-seulement de nous submerger, mais au moins de nous soumettre à l'état d'ilotisme. — Dans cette hypothèse, et la Prusse étant la tête de pont des autres puissances, commencerait le branle, persuadée, comme elle l'était en 1807, par sa ridicule jactance, qu'une soudaine victoire enchaînerait à son char nos malheureuses destinées — alors qu'elle pourrait n'être pour nous qu'un déjeuner frugal — à moins toutefois que le duc d'Orléans, ou son puîné, ne commandât l'armée destinée à marcher sur les traces de nos vieilles phalanges ; alors ma foi..... En effet, sans contester à ces deux princes, braves sans doute, le droit du commandement, ne pourrait-on pas, ce semble, leur dire avec quelque vérité, sans qu'ils dussent s'en offenser, qu'ils n'ont ni les talens et encore moins l'expérience indispensables à un chef d'armée ? — Et ne pourrait-on pas ajouter qu'il serait imprudent de laisser, à l'un ou à l'autre de ces princes, la destinée d'une première bataille qui pourrait fort bien être celle de la patrie ?

Mais la raison a parlé, et les princes, jaloux de la gloire de nos armes, laissent à l'expérience et au talent le soin de l'assurer, et la Prusse est vaincue. Nous offrons la paix, une paix honorable, mais qui, pour nous, ne peut l'être qu'à une condition, celle, par exemple, de nous rendre nos limites du Rhin. — On ne pourrait certes pas être moins exigeans.— Mais nos propositions, loin d'être acceptées, donnent à l'Autriche le prétexte de se joindre à la Prusse, en entraînant avec elle tous les petits états jaloux de partager la gloire de se battre dix contre un.

Cependant nous nous défendons contre ces deux puissances et leurs belliqueux auxiliaires, avec notre valeur ordinaire; et la nation ayant senti le besoin de s'unir, quelques succès présagent bientôt à nos fiers ennemis leur prochaine défaite.

L'Angleterre, jusque-là est demeurée tranquille spectatrice de notre démêlé, tout en gardant le masque d'hypocrisie qui la couvre, c'est-à-dire en se disant toujours notre amie et sincère alliée, nous assurant, bien entendu, qu'au besoin elle se joindra à nous pour combattre nos ennemis. — Mais ce n'est là qu'une de ces ruses dont la politique est coutumière de fait, car Albion attend au contraire, avec une cupide impatience, le moment favorable de rompre un lien qui compromet ses intérêts, en ce que tous les ports des puissances continentales lui sont fermés. — Et l'on sait que la nation mercantile tient à ses intérêts , autant au moins que nos hommes d'état, sinécuristes compris , tiennent à leurs appointemens. — Et puis une ou deux de nos provinces maritimes , dont elle rêve depuis si longtemps la possession , ne lui déplairaient pas.

Or , la rupture étant devenue indispensable, le masque tombe et laisse à nud la ruse et la mauvaise foi, en même temps que le colosse du Nord — puisqu'on veut bien l'appeler ainsi — fait marcher ses cosaques.

Nous voilà donc encore une fois en présence de l'Europe — et ce pour avoir niaisement compté sur l'alliance de l'Angleterre qui eût dû intervenir dès le débordement de l'Autriche et de ses auxiliaires — en présence de l'Europe qu'il faut vaincre , ou..... Mais il ne nous appartient pas de prédire le dénoûment d'un tel drame ; toutefois ce qu'il y a de certain, c'est que les acteurs , moins nous , bien entendu , sont pressés d'entrer en scène.

L'idée fixe de l'Angleterre , celle du moins dans laquelle elle se complait le plus, a constamment été et sera longtemps encore la domination de l'Océan. — Pour s'en convaincre, pour

avoir même la conviction de sa mauvaise foi,
de sa jactance et de la légèreté avec laquelle
elle brise un traité, on n'a qu'à ouvrir l'histoire, et des milliers de faits viendront à l'ap-
pui de nos assertions.

Nous nous bornerons à en citer un fort risible sur sa ridicule jactance et qu'on ne sera
pas fâché de connaître.

En 1806, un général anglais, sir John
Stuart, débarqué sur les côtes de la Calabre
avec un corps de sept mille hommes, avait
obtenu l'avantage sur quatre mille cinq cents
hommes, réunis à la hâte par le général
Reynier. Dans une affaire de cette nature et qui
n'avait eu aucun résultat, la France n'aurait
vu qu'un de ces nombreux combats inaperçus,
ou à peine remarqués dans ses héroïques cam-
pagnes; mais à Londres, le plus léger succès
qui pouvait sortir de l'oubli les armes anglaises
sur le continent, était d'une grande impor-
tance — aussi y donna-t-on beaucoup d'éclat.
— Sur la proposition de lord Grandville à la
chambre des pairs (le 2 janvier 1807), et de
M. Windham à la chambre des communes,
le parlement vota des remercîmens au général

Stuart et à ses compagnons d'armes. — Mais
ce qu'il y a de plus risible dans cette fanfaron-
nade, le voici : « L'ennemi, disait M. Wind-
» ham, a voulu accréditer l'opinion qu'il
» nous est aussi supérieur sur terre que nous
» lui sommes supérieurs sur mer. — La ba-
» taille de Maïda a rompu le charme!!.. Elle
» a été une leçon pour l'Angleterre, pour la
» France, pour le monde, du mérite compa-
» ratif des troupes des deux nations, et elle a
» pleinement confirmé la supériorité décisive
» de la vaillance anglaise. »

Personne certes ne contestera à l'Angleterre
sa vaillance ; mais il est permis de dire que
faire un si grand bruit d'une victoire, c'est
avouer que l'on n'y était pas accoutumé.

Non, l'Angleterre n'est et ne sera jamais
notre sincère alliée. — Ne la voit-on pas, fidèle
à son système de récrimination perpétuelle,
contre ce qu'elle appelle notre ambition?
(nous ambitieux maintenant!) et nos envahis-
semens, signaler, comme de nouvelles usur-
pations, des actes autorisés par d'anciens
traités?

Pense-t-on que nos possessions d'Afrique

n'excitent pas sa jalousie, en entretenant en elle l'espoir qu'un jour, qui ne lui semble peut-être pas fort éloigné, elle pourra, sans beaucoup d'efforts, saisir l'occasion qui devra la mettre à même de nous en déposséder?

Mais la France ne peut-elle enfin prendre une attitude sinon menaçante, du moins noble, imposante, elle qui a de si beaux antécédens! — Ne peut-elle montrer à ceux qui aspirent à sa déchéance, qu'elle a, plus que jamais, les moyens propres à les faire repentir d'une entreprise que l'on ne pourrait certes pas qualifier de téméraire (car dix contre un ne passeront jamais pour braves) mais d'une entreprise inconsidérée?

Et puis, les principes que, dans nos glorieuses excursions, nous avons implantés chez les puissances étrangères, principes que l'on chercherait vainement à déraciner, ne porteront-t-ils donc jamais leur fruit, alors que des bourgeons commencent à poindre? — Que l'on ne s'abuse pas; ces principes, tout lents qu'ils sont à se développer, n'en seraient pas moins pour nous de puissans auxiliaires.

Sans doute, mais ne serait-ce pas trop favorablement présumer de la France que de la juger capable de s'arracher soudainement des bras de l'apathie qui l'énerve, pour se soustraire à d'humiliantes dominations, et reconquérir son entière indépendance?

Ne pourrait-on pas, avec quelque raison, lui reprocher son inconstance, sa légèreté, et d'avoir beaucoup plus de vanité que de dignité? — Si elle fût admirable et digne d'envie à certaines époques, combien à d'autres montra-t-elle de pusillanimité! Alors qu'elle eût dû prendre les armes pour défendre son indépendance, la France préféra la honte, l'humiliation d'être conquise deux fois en un an, elle qui naguère avait été la maîtresse du monde!

Quel espoir de salut peut-on fonder sur une nation civilisée qui, à l'une des époques les plus déplorables de son histoire, montra moins de patriotisme que les hordes d'esclaves qu'elle avait si souvent vaincues; mais qui, cette fois, plutôt que de se laisser prendre au joug que la victoire semblait leur réserver, livrèrent aux flammes l'une des villes les plus riches de leur empire?

Quel espoir! dira-t-on, en haussant les

épaules.—Eh quoi ! ignorez-vous que les hommes de la génération présente, nourris du feu sacré de la liberté, de cette liberté si ardemment désirée, et dont le *despote* priva leurs pères, ont des tempéramens bien autrement constitués ? — Sachez que chez eux la peur n'est qu'un vain mot, et le danger qu'un de ces appâts vers lequel, au besoin, ils marcheraient avec autant d'intrépidité qu'à un drame de Victor ou d'Alexandre.

Nous aimons à nous persuader que la France répondrait avec quelque vaillance à la provocation qui pourrait lui être faite par ses anciens adversaires. — Son armée, brave et pénétrée de ses devoirs, ne le céderait sans doute en rien à nos vieilles phalanges qui, bien qu'en nombre inférieur, mais guidées par un puissant génie, ont si souvent prouvé leur supériorité sur les armées coalisées. Toutefois, ne faudrait-il pas, pour qu'elle prît cet élan redoutable, que le pouvoir fût déjà sorti de l'ornière où il semble se complaire, afin d'inspirer à la nation la confiance indispensable dans une telle circonstance ?

Et puis, serait-il prudent de livrer le sort de

l'armée et de la France aux représentans des cent quatre-vingt mille individus sur les trente et quelques millions qui composent notre population ; représentans dont la plupart fonctionnaires publics ou salariés du gouvernement, et qui, soumis à ses volontés, ne pourraient être alors, comme ils le sont aujourd'hui, qu'un obstacle aux concessions voulues par la nécessité? — La nécessité!!.. Ah! qu'on n'attende pas que cette loi impérieuse, à laquelle les souverains mêmes, quel que grand que soit leur pouvoir, doivent se soumettre, ne se fasse trop vivement sentir.....

L'opinion publique est une puissance qu'il serait bon de ne pas dédaigner, surtout lorsqu'elle se prononce pour le bien de la patrie. — Que si l'on pensait qu'il puisse y avoir maintenant en France d'obéissance aveugle dans les masses, certes il serait impossible de s'abuser davantage. — Toutefois, on pourrait demeurer pénétré qu'il n'est pas de sacrifice auquel ne se soumît le peuple pour prévenir de grands maux ; comme aussi il serait peut-être fâcheux de ne pas songer quel pourrait être son ressentiment, si jamais, soit par *ténacité*, soit par un faux entendement, on appelait sur lui ce qu'il a tant à cœur d'éviter.

Que la tourbe caméléonienne cesse donc d'encenser le pouvoir; que le mensonge et la flatterie, que ces prédictions annoncées avec une si emphatique assurance, ne trouvent désormais que des improbateurs! — car les destins sont si bizarres! — Serait-il, par exemple, raisonnable d'assurer que dans vingt ans, plus ou moins, le comte de Paris, auquel on a improvisé un si brillant avenir, n'ira pas promener son existence et l'épée préfectorale dans des pays lointains, non pour les vaincre, bien entendu, mais pour y chercher un asile? — Hélas! on en a vu bien d'autres, et d'aussi bonne maison que lui, obligés de fuir leur patrie, pour aller chez l'étranger méditer sur les caprices de la fortune!

Mais il faut des flatteurs au pouvoir, il lui faut des caméléons, il lui en faut, ne serait-ce que pour entretenir les esprits dans le déplorable système où il semble se complaire. — Et puis, dira-t-on, il y en a toujours eu, et il y en aura peut-être éternellement; car, le moyen de les extirper? — la volonté seule suffirait; mais cette volonté ne pourrait émaner que d'un gouvernement dont les principes, s'harmonisant avec l'opinion publique, lui donneraient la force morale nécessaire à la réforme de tels auxiliaires. — Quant à leur ancienneté, rien ne la prouve mieux sans doute que la rapidité avec laquelle, depuis le malheureux Louis XVI, les gouvernemens se sont succédés. — Toutefois, il en est des caméléons politiques comme de tant d'autres choses aussi funestes au bien-être de la nation. — Il serait injuste de ne pas dire que nous sommes en progrès, car nous défions de citer une époque qui ait été aussi productive en gens de cette sorte.

On ne doit donc pas être étonné de les rencontrer partout, s'agitant contre les vœux d'amélioration que forment les hommes consciencieux qui seuls, il faut bien le reconnaître, savent apprécier les besoins qui se font si impérieusement sentir dans la nation. — Et remarquez, plus ces besoins deviennent pressans, et moins les caméléons politiques se montrent disposés à leur accorder la moindre adhésion. — Pourquoi donc ? — Parce que des principes, en opposition aux sentimens qu'ils professent,

atteindraient, pour le rendre à jamais impuis-
sant, le système corrupteur sans lequel ils ne
sauraient subsister.

S'ils ignorent, ou feignent d'ignorer qu'en
politique il est plus honorable et moins désa-
vantageux, sinon indispensable pour son salut,
de se mettre du côté de la nation, que de lui
être hostile, l'époque n'est peut-être pas fort
éloignée où ils devront l'apprendre, ou recevoir le prix de leur mauvais vouloir.

Nous ne sommes plus à ces temps déplorables où, sous le moindre prétexte, on répan-
dait, comme une nuée miasmatique, la terreur dans tous les esprits. — Sans doute nous
avons eu des rêveurs de nivellement, de ces
républicains aux grands expédiens, dont la
bonne foi allait jusqu'à se persuader que leur
système destructeur serait bénignement adopté
par la majorité de la nation ; mais elle le re-
poussa avec une noble et vive indignation,
désireuse qu'elle était alors, comme elle l'est
aujourd'hui, d'avoir, avec une sage liberté, de
bonnes institutions et non des échafauds ;
d'avoir l'égalité, mais non cette égalité éphé-
mère et brutale qui fut le triomphe de la

racaille et l'avilissement des honnêtes gens ; mais, ainsi que l'a si bien défini Montesquieu, cet *heureux équilibre qui rend tous les citoyens soumis aux lois, également intéressés à les observer*, c'est-à-dire l'égalité devant la loi, rien de plus, rien de moins ; toute autre étant impossible, et notamment l'égalité des conditions, qui occupe encore les énergumènes et quelques cerveaux creux — si elle l'était, elle serait bientôt le tombeau de la société.

Toutefois qu'on ne pense pas que par la condition de l'homme, nous entendions son état considéré quant à la naissance ; car, à notre sentiment, elle est peu de chose sans les talens et les vertus. L'instruction seule distingue l'homme de l'homme ; un nom et des titres ne pouvant raisonnablement être considérés comme des talens.

Or maintenant, l'absurdité du nivellement ou républicanisme renouvelé des jacobins, de cet épouvantail qu'à tout propos naguère on nous jetait à la tête avec les émeutes et leurs terribles conséquences ; son absurdité, disons-nous, est reconnue. — De là, plus de ces terreurs paniques qui paralysaient tout, mais un désir bien prononcé de l'opinion publique d'avoir des améliorations. — Pourquoi donc ne les accorderait-on pas, alors qu'elles ne pourraient être qu'un bienfait pour la nation qui les réclame, et l'un des meilleurs appuis dont on pourrait doter l'édifice de nos institutions?

Ah! c'est qu'en accédant au vœu manifesté, le miasme contagieux qui séjourne avec une inconcevable ténacité sur les diverses régions du pouvoir se dissiperait pour faire place à de salubres émanations qui, en purifiant l'athmosphère politique, nous ferait recouvrer la santé si nécessaire à notre existence, mais que l'on veut tenir dans une de ces faiblesses débilitantes qui ne laissent au corps d'autre faculté que celle d'obéir aveuglément aux ordonnances du médecin.

Eh quoi! lorsqu'on accorde à un peuple l'espace nécessaire à sa liberté, serait-il loyal, serait-il même prudent de chercher à le rétrécir? — Dans ce cas, ne pourrait-on pas craindre que son premier mouvement ne fût de fortifier ce terrain, et puis, à chaque nouveau danger, de l'entourer de nouveaux ouvrages, de manière à ce qu'il finît par en faire une sorte de citadelle?

En s'éloignant du principe auquel un gouvernement doit son existence, ne laisse-t-il pas soupçonner en lui un sentiment bien prononcé de rétrogradation? Et pourquoi, dans une marche aussi inconsidérée qu'elle pourrait devenir fatale, ne peut-on pas, sans courir le risque d'être taxé de factieux, lui rappeler ses obligations, en manifestant le vœu qu'il rentre dans la voie d'où il n'eût jamais dû sortir, et reconnaisse enfin la nécessité et la convenance des améliorations demandées?

Ce vœu de la grande majorité des Français est donc bien épouvantable puisqu'il apporte la terreur dans l'âme des *statu quoquistes?*

Rien n'est plus hideux, plus épouvantable.... le voici, tremblez. — Que la corruption, qui jusqu'à présent s'est montrée sous toutes les formes, s'évanouisse pour céder son monstrueux empire à l'équité. Libre alors du choix de ses représentans, la nation pourra opérer les améliorations dont le besoin se fait si impérieusement sentir. — Mais comme on ne peut arriver à un tel résultat que par une *sage* réforme électorale, elle la provoque parce qu'elle la croit indispensable.

Elle demande beaucoup sans doute, beaucoup trop peut-être pour obtenir quelque chose; mais qu'on y songe, ce premier pas de la majorité de la nation pourrait n'être, en ce cas, que le précurseur d'un mouvement plus certain.

Quoi qu'il en soit, cette circonstance n'est rien moins que rassurante pour le gouvernement, bien qu'il se dispose à lutter de toutes ses forces pour le maintien de son déplorable système; et s'il éprouve du malaise, symptôme de maux plus violens, qu'il ne s'en prenne qu'à lui, car lui seul, par son indifférence à satisfaire à de moindres demandes, a provoqué cette malencontreuse circonstance.

En effet, s'il eût admis au vote électoral les *capacités* — et nous comprenons dans cette classe les officiers en retraite — car peut-on penser que l'homme qui a versé son sang pour la patrie, ne soit pas apte à participer à la construction de son édifice legislatif? — Cette portion de la société, l'une des plus respectables, sans doute, et tout-à-fait indépendante, n'est-elle pas aussi intéressée aux améliorations, au maintien du bon ordre et à la stabilité d'un sage gouvernement, que peuvent l'être les hommes appelés à voter? — S'il eût, disions-nous, admis au vote électoral les capacités, la nation n'eût peut-être jamais songé au suffrage universel, persuadée que la partie la plus intelligente du tout qui la compose, pouvait donner à la France une véritable représentation nationale. — Mais aujourd'hui il n'en est plus ainsi; ce sont les masses qui se prononcent, c'est la voix du peuple qui se fait entendre, et l'on sait ce que cette voix peut faire mouvoir.

Sans doute on a encore les moyens physiques d'atténuer la force, sinon de la comprimer, pour prévenir le résultat des vœux exprimés; mais on n'en succombera pas moins; car en bonne justice, la raison, tôt ou tard, doit l'emporter.

Ainsi que l'Océan le peuple tend au repos; mais le moindre souffle l'agite, et une fois en mouvement, le calme ne renaît en lui qu'après l'affreuse tempête. Et c'est ce qu'il faut éviter.

Toutefois nous sommes loin, ainsi que nous l'avons déjà fait pressentir, de désirer le suffrage universel, que les hommes qui aiment véritablement la patrie doivent combattre de tout leur pouvoir, en ce que de tous les maux il pourrait fort bien être le pire. — En effet, aujourd'hui la vénalité, qui est, sans contredit, une des plaies les plus saignantes de l'édifice gouvernemental, s'érigerait en spéculation le jour qui verrait surgir en France le suffrage universel ; ce qui inévitablement amènerait le votant à l'éligibilité.—Avec quel avantage alors les âmes vénales — et Dieu sait si nous en sommes pourvus !— n'exploiteraient-elles pas le pouvoir : et le pouvoir lui-même, quelle facilité n'aurait-il pas à se créer une majorité. — C'est alors que les caméléons politiques auraient beau jeu ; alors aussi les hommes ayant le maniement de la pâte corruptrice, ne pourraient-ils pas s'écrier comme Walpole qui, faisant allusion à la basse vénalité de la chambre des communes, en montrant une poignée de guinées : — *Voici une drogue avec laquelle on adoucit toutes les mauvaises humeurs ; elle ne se vend ici que dans ma boutique.* — Il était ministre des finances.

On n'irait peut-être pas fort loin avec un tel système — cela se conçoit — pour faire place on ne saurait trop dire à quoi ; mais ce ne serait point se hasarder en disant que l'anarchie nous toucherait de près.

Que l'on ne nous oppose pas les élections en Angleterre ; Dieu nous préserve, à cet égard, d'arriver jamais à un tel état de dégradation.— Le peuple anglais maintenant se donne les airs de nous exciter, lui qui a tant besoin d'excitans…. Et puis, pourrait-on répondre que ce beau dévoûment fraternel qu'il manifeste avec tant de candeur — nous allions presque dire hypocrisie — ne soit pas un appât perfide pour nous entraîner à des dissensions, à un désordre général dont il ferait son profit ?

Qu'il devienne donc incorruptible, ce peuple si exemplaire aux yeux de nos anglomanes ; qu'il cesse de se complaire sous cette pluie de guinées qui, au temps des élections, le submerge si agréablement ; qu'il vote, mû par le seul sentiment de ses devoirs de citoyen ; et alors on pourra le citer comme exemple ; mais jusque-là, qu'on nous permette de ne voir en lui que ce qu'il est réellement.

Résumons-nous. — Que veut la France aujourd'hui, ou du moins que veut la grande majorité des Français ? — Des législateurs sages et éclairés, et non des tyrans. — Car que sont les députés qui, violant leurs mandats, font des lois manifestement contraires au vœu de la nation? — Elle veut aussi des législateurs pénétrés de leurs devoirs, et qui, avant tout, incorruptibles et amis sincères de la patrie, lui donnent des lois suivant ses besoins, et surtout des lois en harmonie avec l'opinion publique, suprême législatrice des peuples et des rois.

Tout devient facile, a dit Napoléon, quand on suit l'opinion publique. — Ah! que ne l'a-t-il toujours suivie, lui; Sainte-Hélène n'eût sans doute pas été son tombeau! — Et que de chutes le mépris pour l'opinion publique n'a-t-il pas amenées? — Que l'on recherche les causes qui depuis 89 ont renversé les gouvernemens, on les trouvera dans l'indifférence, dans le mépris manifesté pour cette suprême législatrice, et les actes arbitrairement exercés contre elle.

Aujourd'hui, plus que jamais, la France connaît ses droits, et elle en est trop jalouse pour ne pas les défendre. — Que si l'on songeait à la faire rétrograder, on devrait, avant, se bien pénétrer que pour cela il faudrait que l'homme eût le pouvoir de détruire et d'oublier ses propres idées, de se faire d'autres vérités en se créant en même temps un autre genre d'évidence.

L'éloquence militaire se résume en ces mots : Si vous ne les tuez pas, ils vous tueront. — Mais il ne peut en être ainsi de l'éloquence législative qui, ce semble, doit se résumer ainsi : Loyauté, justice, désintéressement personnel. — Tout pour la patrie.

Arrière donc l'éloquence de l'or, des places et des honneurs. Que la faveur et la corruption cèdent leur empire à l'équité. — Que ceux qui veulent des emplois sachent s'en rendre dignes par des talens et des VERTUS, ou des services rendus à la patrie, ce qui sous-entend les deux qualités essentielles.

Or, plus de faveur, car elle a le double désavantage de faire rarement de bons choix et de corrompre les hommes. Alors on verra les caméléons disparaître, comme par enchantement, de la scène politique ; alors aussi, comme nous l'avons déjà dit, le vaisseau de l'état, déviant de la ligne qui le conduit vers l'écueil, aura, n'en doutez pas, une heureuse navigation.

Que si l'on contestait à l'observateur qui

aime son pays, le droit de flétrir les scandales honteux et la dépravation en tout genre dont notre époque abonde, ce serait blâmer un devoir social dont tout homme de bien doit avoir le sentiment.

FIN.

Orléans. — Imprimerie de PELLISSON-NIEL,
rue d'Escures, 3.